Impressum
Verlag: BABADADA GmbH, Nedderfeld 112 , 22529 Hamburg
Geschäftsführer / Verlagsleitung: Harald Hof
Druck: Books on Demand GmbH, In de Tarpen 42, 22848 Norderstedt

Imprint
Publisher: BABADADA GmbH, Nedderfeld 112 , 22529 Hamburg, Germany
Managing Director / Publishing direction: Harald Hof
Print: Books on Demand GmbH, In de Tarpen 42, 22848 Norderstedt

colegio

سکول

aula
کلاس روم
dividir
تقسیم
186/2
pizarrón
بورڈ
patio de escuela
سکول نا میدان
maestro
استاد
papel
کاغذ
escribir
birome
قلم
escritorio
میز
regla
سکیل
libro
کتاب
alumno
شاگرد

mochila

جزدان

caja de lápices

پینسل دا ڈبہ

lápiz

پینسل

sacapuntas

پینسل شارپنر

goma (de borrar)

ربر

bloc de dibujo

ڈرائنگ پیڈ

dibujo

ڈرائنگ

pincel

پینٹ برش

caja de pinturas

پینٹ باکس

tijera

قینچی

pegamento

گلو

cuaderno de ejercicios

مشقی کتاب

tarea

گھر دا کم

número

عدد

sumar

جمع

restar

تفریق

multiplicar

ضرب

calcular

کیلکولیٹ

letra

خطره

abecedario

حروف تہجی

palabra

لفظ

texto

متن

leer

پڑھنا

tiza

چاک

lección

سبق

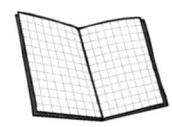

cuaderno de clase

رجسٹر

examen

امتحان

certificado

سند

uniforme escolar

سکول نی وردی

educación

تعلیم

enciclopedia

انسائیکلوپیڈیا

universidad

یونیورسٹی

microscopio

مائیکرو سکوپ

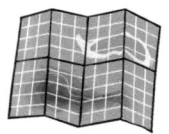

mapa

نقشہ

tacho (de basura)

کچرے نا ڈبہ

hotel
hostel
casa de cambio
ایکسچینج دفتر
valija
سوٹ کیس
auto
کار

idioma
بولی

sí / no
ہاں /نئیں

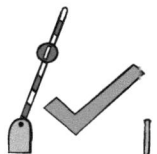

Está bien
ٹھیک ہے

hola
اسلام و علیکم

traductor
ترجمان

Gracias
شکریہ

¿cuánto cuesta…?

ایہہ کنے نے ؟

No entiendo

می سمجه نئیں رلی

problema

مسئلہ

¡Buenas tardes!

اسلام و علیکم

¡Buenos días!

اسلام و علیکم

¡Buenas noches!

اللہ حافظ

adiós

اللہ نے حوالے

dirección

سمت

equipaje

سامان

bolso

بیگ

mochila

بیک پیک

invitado

مہمان

habitación

کمرہ

bolsa de dormir

سلیپنگ بیگ

carpa

خیمہ

información turística

سياح لئى معلومات

playa

ساحل سمندر

tarjeta de crécito

کریڈٹ کارڈ

desayuno

ناشتہ

almuerzo

دوپہر نا کھانا

cena

رات نا کھانا

pasaje

ٹکٹ

ascensor

لفٹ

sello

مہر

frontera

بارڈر

aduana

کسٹمز

embajada

ایمبیسی

visa

ویزا

pasaporte

پاسپورٹ

transporte
ٹرانسپورٹ

avión
جہاز
barco
پانی آلا جہاز
autobomba
فائر انجن
camión
ٹرک
colectivo
بس
lancha a motor
موٹر بوٹ
bicicleta
بائیک
auto
کار

ferry

فیری

bote

کشتی

moto

موٹر بائیک

patrullero

پولیس کار

auto de carreras

ریسنگ کار

auto de alquiler

کرایہ نی گڈّ

alquiler de autos

کار شئیرنگ

grúa

بریک ڈاؤن ٹرک

camión de basura

ریفیوز ٹرک

motor

موٹر

nafta

فیول

estación de servicio

پٹرول سٹیشن

señal de tránsito

ٹریفک سائن

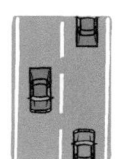

tránsito

ٹریفک

embotellamiento

ٹریفک جام

estacionamiento

کار پارک

estación de tren

ریل سٹیشن

vías

ٹریکس

tren

ریل

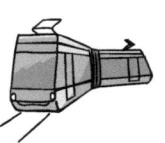

tranvía

ٹرام

vagón

کیرج

helicóptero
....
ہیلی کاپٹر

aeropuerto
....
ائر پورٹ

torre
....
مینار

pasajero
....
مسافر

contenedor
....
کنٹینر

caja de cartón
....
کاٹن

carretilla
....
چھکڑا

canasta
....
بالٹی

despegar / aterrizar
....
اڈنا / لہنا

ciudad

شہر

pueblo
....
پنڈ

centro de ciudad
....
سٹی سینٹر

casa
....
کھار

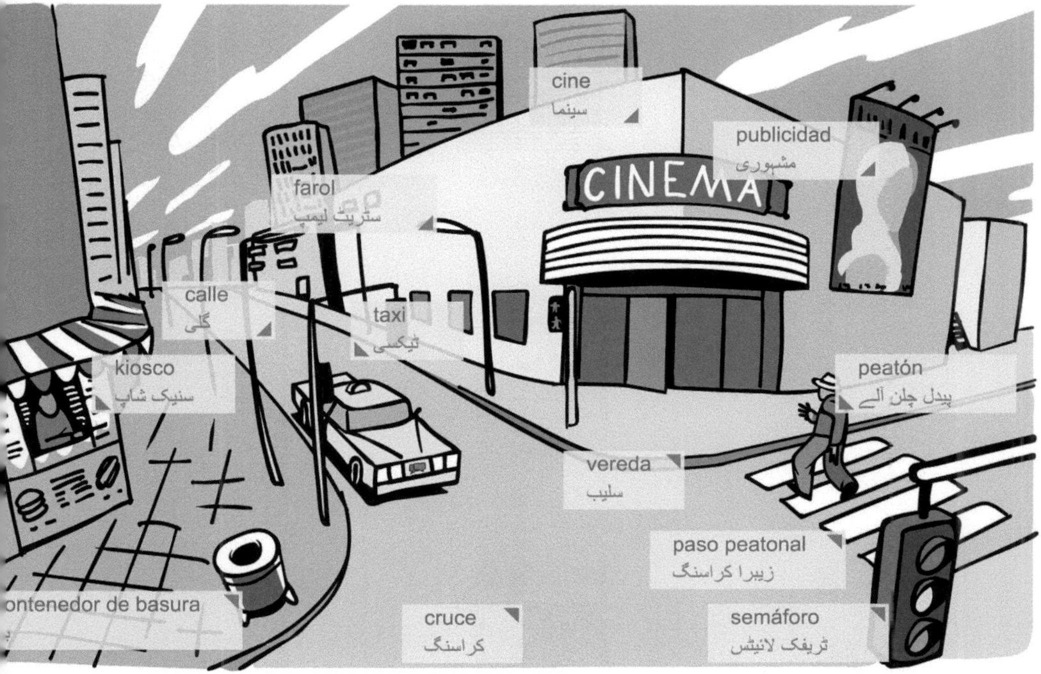

cine
سینما
publicidad
مشہوری
CINEMA
farol
سٹریٹ لیمپ
calle
گلی
taxi
ٹیکسی
kiosco
سنیک شاپ
peatón
پیدل چلن آلے
vereda
سلیب
paso peatonal
زیبرا کراسنگ
ontenedor de basura
cruce
کراسنگ
semáforo
ٹریفک لائیٹس

cabaña

ہٹ

departamento

فلیٹ

estación de tren

ریل سٹیشن

municipalidad

ٹاؤن ہال

museo

میوزئیم

colegio

سکول

universidad

یونیورسٹی

banco

بنک

hospital

ہسپتال

hotel

ہوٹل

farmacia

فارمیسی

oficina

دفتر

librería

کتب خانہ

negocio

ہٹی

florería

پھلاں الے

supermercado

سپر مارکیٹ

mercado

بازار

grandes tiendas

ڈیپارٹمنٹ سٹور

pescadería

مچھیرے

centro comercial

شاپنگ سینٹر

puerto

بندرگاہ

parque

پارک

banco

بنچ

puente

پل

escaleras

سیڑھیاں

subte

انڈر گراؤنڈ

túnel

ٹنل

parada del colectivo

بس سٹاپ

bar

بار

restaurante

ریسٹورنٹ

buzón

پوسٹ بکس

letrero

سٹریٹ سائن

parquímetro

پارکنگ میٹر

zoológico

چڑیا گھار

pileta

سوئمنگ پول

mezquita

مسجد

granja

فارم

contaminación

آلودگی

cementerio

قبرستان

iglesia

چرچ

juegos infantiles

پلے گراؤنڈ

templo

مندر

paisaje

منظر

hoja

پتہ

poste indicador

سائن پوسٹ

camino

راہ

pradera

سر سبز میدان

piedra

پتھر

árbol

درخت

excursionista

ہائکر

río

دریا

hierba

گھاس

flor

پھول

valle

وادی

montaña

پہاڑی

lago

نہر

bosque

جنگل

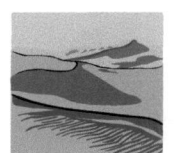

desierto

صحرا

volcán

آتش فشاں

castillo

قلعہ

arco iris

رین بو

champiñón

کھمبی

palmera

پام ٹری

mosquito

مچھر

mosca

مکھی

hormiga

چیونٹا

abeja

مکھی

araña

مکڑی

escarabajo

بھونرا

rana

مینڈک

ardilla

گلہری

erizo

سیہہ

liebre

ساھیا

lechuza

الو

pájaro

پرندہ

cisne

راج ہنس

jabalí

نر سور

ciervo

ہرن

alce

بارہ سنگا

presa

ڈیم

aerogenerador

ونڈ ٹربائن

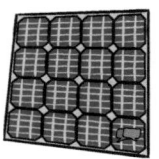

panel solar

شمسی توانائی دا پینل

clima

آب و ہوا

restaurante
ریسٹورنٹ

mozo
ویٹر
menú
مینیو
silla
کرسی
sopa
سوپ
pizza
پیزا
mantel
میز نا کپڑا
cubiertos

entrada

سٹارٹر

plato principal

مین کورس

postre

ڈیزرٹ

bebidas

مشروب

comida

کھانا

botella

بوتل

comida rápida

فاسٹ فوڈ

comida callejera

سٹریٹ فوڈ

tetera

ٹی پاٹ

azucarera

شوگر بول

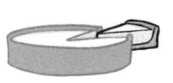

porción

پورشن

cafetera expreso

اسپریسو مشین

sillita alta

ہائی چئیر

cuenta

بل

bandeja

ٹرے

cuchillo

چھری

tenedor

کنڈا

cuchara

چمچ

cucharita

ٹی سپون

servilleta

تولیہ

vaso

گلاس

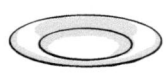

plato

....

پلیٹ

plato hondo

....

سوپ پلیٹ

plato

....

ساسر

salsa

....

چٹنی

salero

....

نمک دانی

molinillo de pimienta

....

پیپر مل

vinagre

....

سرکہ

aceite

....

تیل

especias

....

مصالحہ

kétchup

....

کیچپ

mostaza

....

سرہیئوں

mayonesa

....

مینیز

supermercado
سپر مارکیٹ

oferta especial
سپیشل آفر
cliente
گاہک
lácteos
ڈیری
fruta
پھل
changuito
ٹرالی

carnicería

قصائی

panadería

بیکرز

pesar

وزن

verduras

سبزیاں

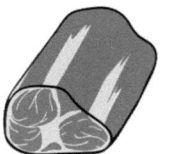

carne

گوشت

alimentos congelados

فروزن فوڈ

fiambres

کولڈ گوشت

alimentos enlatados

ٹن فوڈ

detergente en polvo

واشگ پوڈر

golosinas

مٹھائی

electrodomésticos

کھار دیاں چیزاں

productos de limpieza

صفائی آلی چیزاں

vendedora

سیل مین

caja

ٹل

cajero

کیشئیر

lista de compras

شاپنگ لسٹ

horario de atención

کھلن دا ویلا

billetera

پرس

tarjeta de crédito

کریڈٹ کارڈ

cartera

بیگ

bolsa de plástico

پلاسٹک بیگ

bebidas
مشروب

agua

پانی

jugo

جوس

leche

ددھ

bebida cola

کوک

vino

شراب

cerveza

شراب

alcohol

شراب

cacao

کوکا

té

چا

café

کافی

café expreso

اسپریسو

cappuccino

کیپچینو

banana
کیلا

manzana
سیب

naranja
موسمبی

melón
تربوز

limón
نیمبو

zanahoria
گاجر

ajo
لہسن

bambú
بانس

cebolla
پیاز

champiñón
کھمبی

nueces
میوے

fideos
نوڈلز

tallarines
....
سپیگیٹی

arroz
....
چاول

ensalada
....
سلاد

papas fritas
....
چپس

papas fritas
....
تلے ہوئے آلو

pizza
....
پیزا

hamburguesa
....
ہیم برگر

sándwich
....
سینڈوچ

churrasco
....
تکے

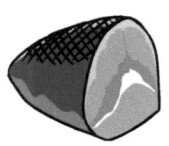

jamón
....
ہیم

salame
....
سلامی

salchicha
....
ساسج

pollo
....
مرغی

asado
....
بھنیا ہویا

pescado
....
مچھی

copos de avena

جو نا دلیہ

muesli

مولی

copos de maíz

کارن فلیکس

harina

آٹا

medialuna

کرائسنٹ

pancito

بریڈ رول

pan

روٹی

tostada

ٹوسٹ

galletitas

بسکٹ

manteca

مکھن

cuajada

دہی

torta

کیک

huevo

انڈا

huevo frito

تلیا انڈا

queso

پنیر

helado

آئس کریم

azúcar

چینی

miel

شہد

mermelada

جام

pasta de chocolate

چاکلیٹ سپریڈ

curry

سالن

granja
فارم

granja
granero
گودام
fardo de paja
ونڈا
campo
caballo
گھوڑا
remolque
ٹرالی
tractor
ٹریکٹر
potrillo
بچھیرا
burro
oveja
cordero
بھیڑ

cabra

بکری

vaca

گاں

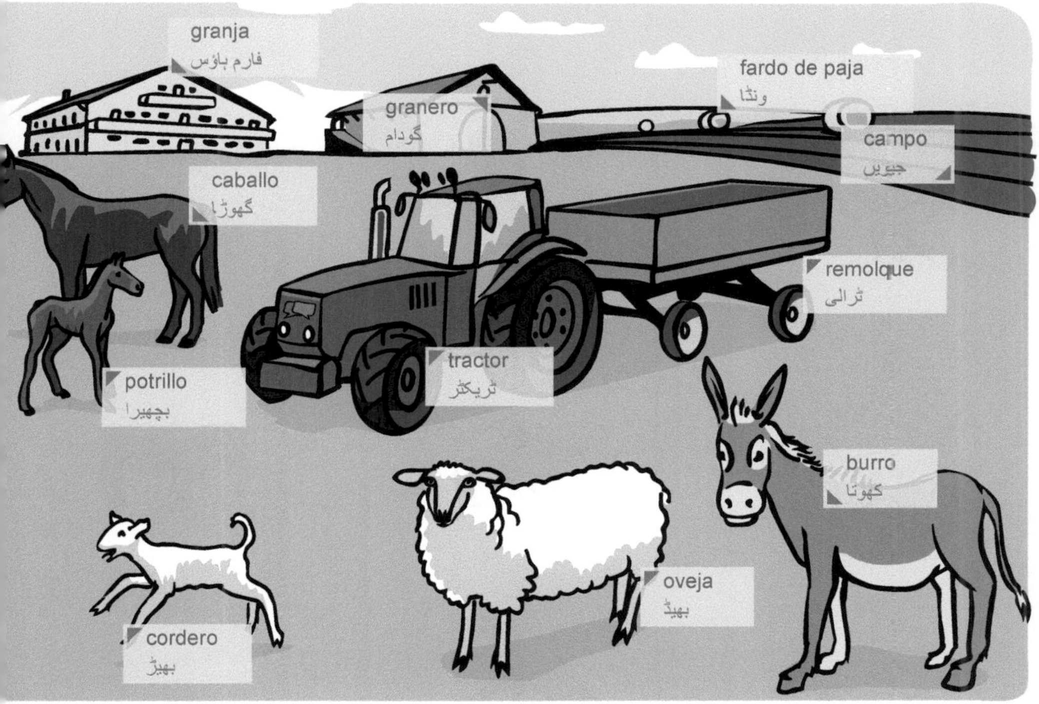

ternero

بچھڑا

cerdo

سور

lechón

پگ لیٹ

toro

بیل

ganso

بطخ

pato

بطخ

pollo

چوزہ

gallina

مرغی

gallo

مرغا

rata

چوہا

gato

بلی

ratón

چوہا

buey

بیل

perro

کتا

cucha

کتے نا کھار

manguera

لان نا پائپ

regadera

پانی نا ڈبی

guadaña

درانتی

arado

ہل

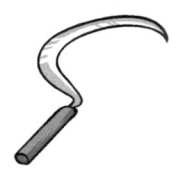

hoz

درانتی

azada

ہو

horquilla

ترنگل

hacha

کوہاڑی

carretilla

ریڑھی

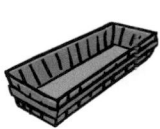

abrevadero

ڈونگا

lechera

ددھ نا ڈبہ

bolsa

بورا

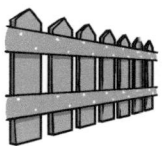

reja

باڑ

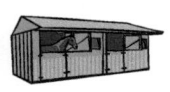

establo

اصطبل

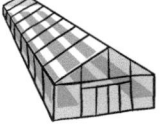

invernadero

گرین ہاؤس

suelo

مٹی

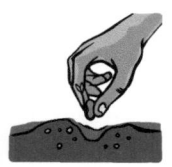

semilla

بیج

fertilizador

کھاد

cosechadora

کمبائن ہارویسٹر

cosechar

فصل

cosecha

فصل

batatas

يامز

trigo

کنک

soja

سويا

papa

آلو

maíz

مکئی

semilla de colza

تلی

árbol frutal

پهلدار درخت

mandioca

کاساوا

cereales

اناج

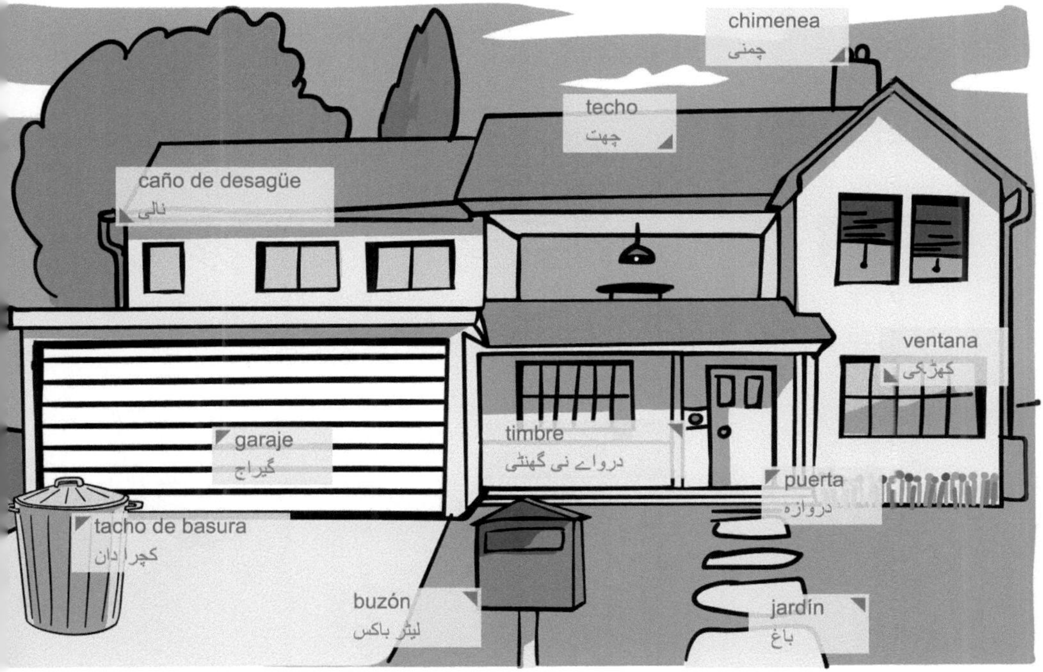

chimenea
چمنی
techo
چھت
caño de desagüe
نالی
ventana
کھڑکی
garaje
گیراج
timbre
دروازے نی گھنٹی
puerta
دروازہ
tacho de basura
کچرا دان
buzón
لیٹر باکس
jardín
باغ

living

لونگ روم

baño

باتھ روم

cocina

باورچی خانہ

dormitorio

بیڈروم

cuarto de los chicos

بچیاں نا کمرہ

comedor

ڈائننگ روم

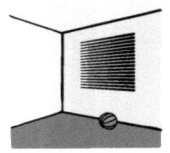

piso

فرش

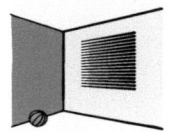

pared

دیوار

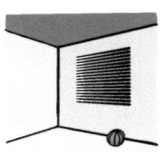

cielorraso

چھت

sótano

سلہا

sauna

سوانا

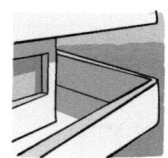

balcón

بالکنی

terraza

ٹیرس

pileta

پول

cortadora de pasto

لان موور

sábana

شیٹ

acolchado

بیڈ سپریڈ

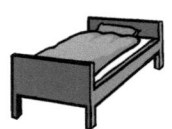

cama

بیڈ

escoba

جھاڑو

balde

بالٹی

interruptor

سوئچ

32 casa - کھار

living
لونگ روم

empapelado
وال پیپر
imagen
تصویر
lámpara
لیمپ
estante
شیلف
armario
الماری
televisión
ٹیلیویژن
chimenea
آگ دان
flor
پھل
almohadón
کشن
sofá
صوفہ
florero
گلدان
control remoto
ریموٹ کنٹرول

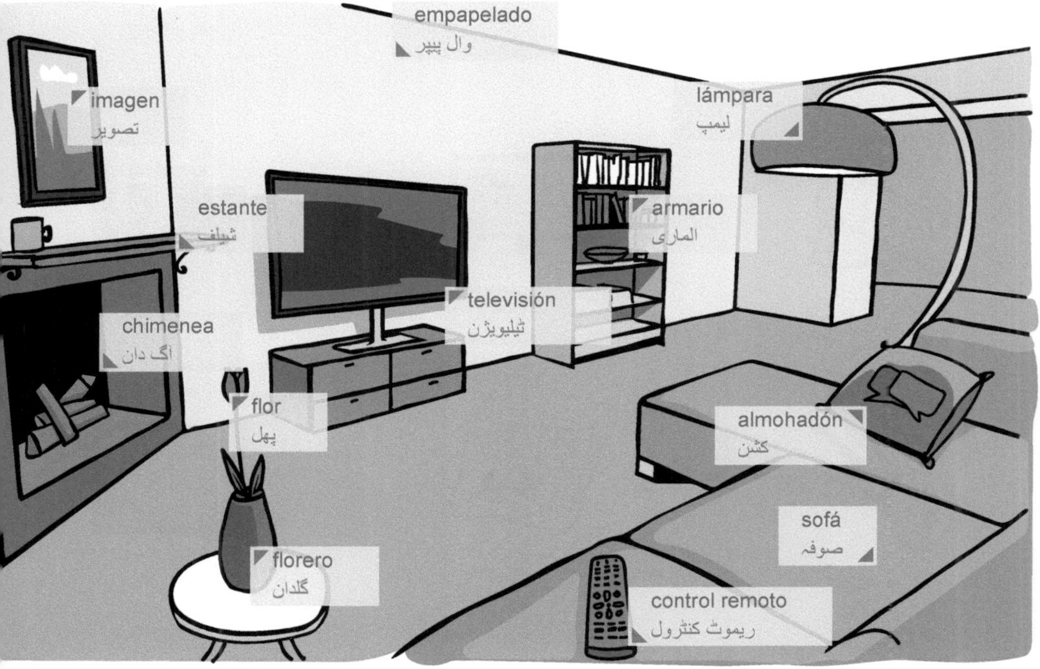

alfombra
قالین

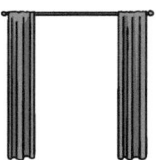

cortina
پردے

mesa
میز

silla
کرسی

mecedora
راکنگ چئیر

sillón
آرم چئیر

libro

کتاب

frazada

کمبل

decoración

ڈیکوریشن

leña

کولے

película

فلم

equipo de música

ہائی فائی آلات

llave

چابی

diario

اخبار

pintura

پینٹنگ

póster

پوسٹر

radio

ریڈیو

cuaderno

نوٹ پیڈ

aspiradora

ہوور

cactus

کیکٹس

vela

موم بتی

cocina
باورچہ خانہ

heladera
فرج
microondas
مائیکرو ویو اوون
balanza de cocina
کچن سکیل
tostadora
ٹوسٹر
detergente
صرف
horno
اوون
freezer
فریزر
tacho de basura
کچرا دان
lavaplatos
پھانڈے دھون آلا

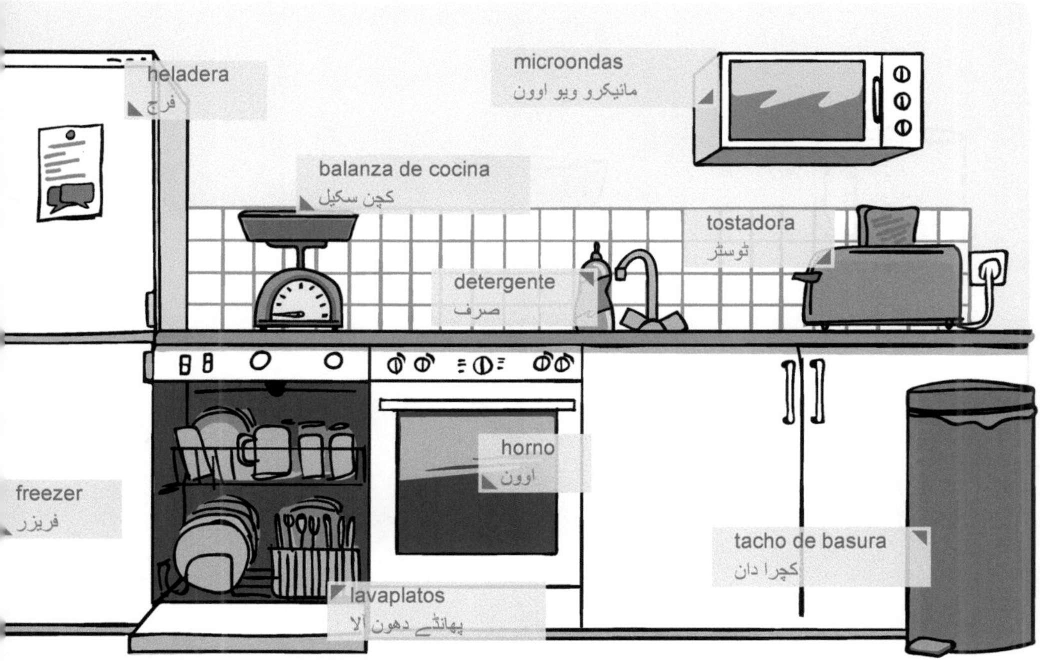

cocina

ککر

olla

پاٹ

olla de hierro fundido

کاسٹ آئرن پاٹ

wok

ووک / کڈائی

sartén

پین

pava

کیتلی

vaporera

سٹیمر

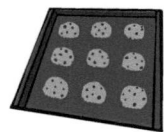

bandeja de horno

بیکنگ ٹرے

vajilla

پھانڈے

taza

مگا

bol

پیالہ

palitos

چوپ سٹکس

cucharón

کرچھل

estpátula

اسپالی

batidora

پھینٹن آلا

colador

چھننا

colador

چھننی

rallador

جھاواں

mortero

کھان پکان آلا چمچہ

parrilla

باربی کیو

fogata

چولھا

tabla de picar

کٹنگ بورڈ

palo de amasar

رولنگ پن

sacacorchos

کارک سکرو

lata

کین

abrelatas

کین کھلون آلا

manopla

پاٹ پگڑن آلا

pileta

سنک

cepillo

برش

esponja

سپنج

batidora

بلینڈڑ

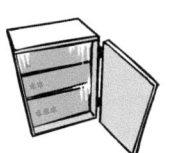

congelador

ڈیپ فریزر

mamadera

بچے نی بوتل

canilla

ٹوٹی

baño

باتھ روم

ducha
شاور
calefacción
toalla
cortina de ducha
شاور کرٹن
baño de espuma
bañadera
نہان آلا ٹب
vaso
گلاس
lavarropas
واشنگ مشین
canilla
ٹوٹی
baldosas
ٹائل
pelela
پاخانہ
pileta
سنک

inodoro

ٹوائلٹ

letrina

ٹوائلٹ

bidé

بڈت

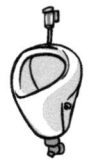

mingitorio

پیشاب

papel higiénico

ٹوائلٹ پیپر

cepillo para el inodoro

ٹوائلٹ برش

cepillo de dientes

ٹوتھ برش

dentífrico

ٹوتھ پیسٹ

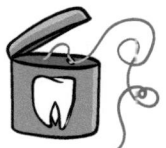

hilo dental

ڈینٹل فلاس

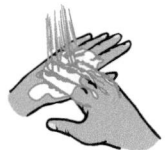

lavar

دھونا

ducha de mano

ہتھ وچ پھڑن آلا شاور

ducha higiénica

شاور

palangana

بیسن

cepillo para espalda

بیک برش

jabón

صابن

gel de ducha

شاور جیل

shampoo

شیمپو

toallita

فلالین

desagüe

نالی

crema

کریم

desodorante

ڈیوڈرنٹ

espejo

آئینہ

espejito

ہتھ آلا شیشہ

maquinita de afeitar

استرا

espuma de afeitar

شیونگ فوم

aftershave

آفٹر سیو

peine

کنگھا

cepillo

برش

secador de pelo

ہئیر ڈرائر

spray

ہئیر سپرے

maquillaje

میک اپ

lápiz de labios

لپ سٹک

esmalte para uñas

ناخن نی وارنش

algodón

کاٹن وول

tijera para uñas

ناخن کتر

perfume

پرفیوم

portacosméticos

واش بیگ

banqueta

پاخانہ

balanza

وزن دا پیمانہ

bata

باتھ نی الماری

guantes de goma

ربر نے دستانہ

tampón

بفر

toallita femenina

تولیہ سٹینڈ

baño químico

کیمیکل ٹوائلٹ

cuarto de los chicos

بچیاں نا کمرہ

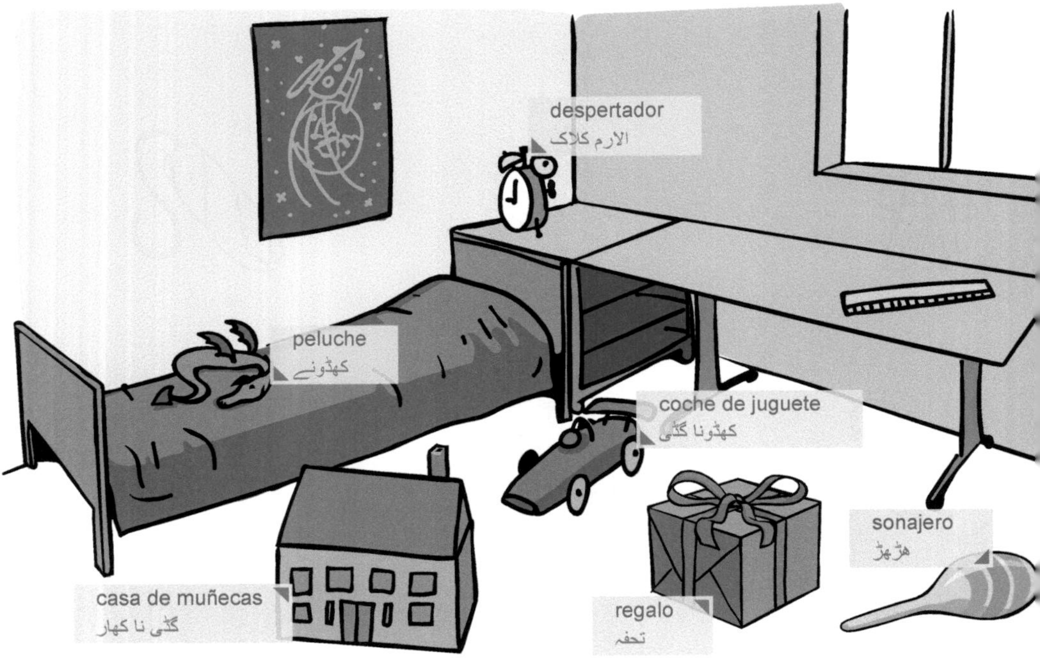

despertador
الارم کلاک
peluche
کھڈونے
coche de juguete
کھڈونا گڈی
sonajero
ھڑھڑ
casa de muñecas
گڈی نا کھار
regalo
تحفہ

globo

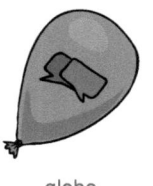

پھکانا

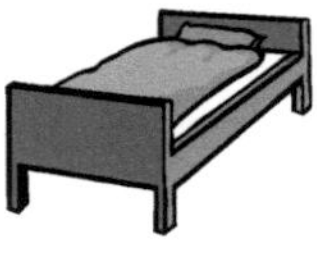

cama

بیڈ

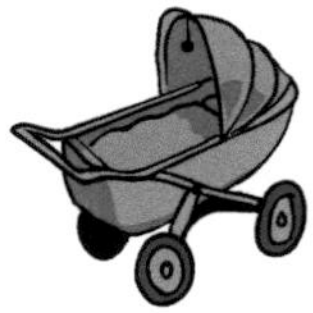

cochecito

پرام

cartas

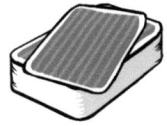

تاش نے پتے

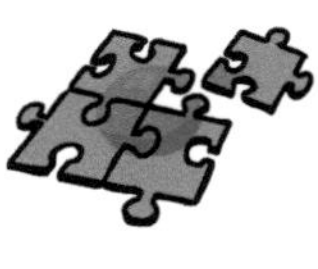

rompecabezas

جگ سا

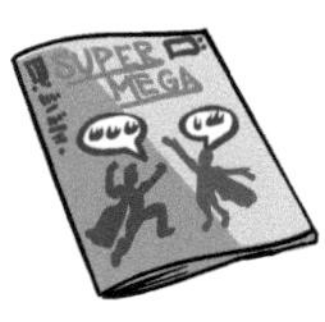

historieta

کامک

piezas de lego

لیگو برکس

ladrillos de juguete

بلڈنگ بلاکس

figura de acción

کھڈونا

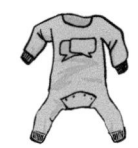

enterito (de bebé)

بےبی گرو

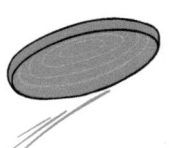

frisbee

فرزوی

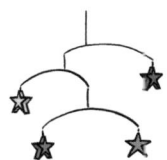

móvil para bebés

موبائل

juego de mesa

بورڈ گیم

dados

ڈائس

tren eléctrico

ماڈل ٹرن سیٹ

chupete

ڈمی

fiesta

پارٹی

libro de cuentos ilustrado

تصویری کتاب

pelota

گیند

muñeca

گڈی

jugar

کھیڈنا

arenero

سینڈ پٹ

hamaca

جھولا

juguetes

کھڈونے

consola de videojuegos

ویڈیو گیم کنسول

triciclo

ٹرائی سائیکل

osito de peluche

ٹیڈی بئیر

armario

الماری

ropa

کپڑے

medias

جراباں

medias panty

جراباں

calzas

ٹائٹس

bufanda
سکارف

paraguas
چھتری

cinturón
بیلٹ

remera
ٹی شرٹ

botas
بوٹ

pantuflas
سلیپر

zapatillas
جوگر

sandalias
سینڈل

zapatos
جوتی

botas de goma
ربر نے جوتی

ropa interior
انڈر ویئر

corpiño
برا

chaleco
بنیان

ropa - کپڑے   45

body

جسم

pantalones

پاجامہ

jeans

جینز

pollera

سکرٹ

blusa

برا

camisa

قمیض

pulóver

سوئیٹر

buzo

ہوڈی

blazer

کوٹ

campera

جیکٹ

tapado

کوٹ

piloto

برساتی

traje

کاسٹیوم

vestido

کپڑے

vestido de novia

شادی نا جوڑا

traje

سوٹ

camisón

راتے نے کپڑے

pijama

پاجامہ

sari

ساڑھی

pañuelo para cabeza

سکارف

turbante

پگڑی

burka

برقعہ

caftán

کفتان

abaya

برقعہ

traje de baño

نہان والے کپڑے

short de baño

انڈروئیر

shorts

نیکر

jogging

ٹریک سوٹ

delantal

دھوتی

guantes

دستانے

botón

بٹن

anteojos

چشمہ

pulsera

بریسلیٹ

collar

ہار

anillo

انگوٹھی

aro

کنڈے

gorra

ٹوپی

percha

کوٹ ہینگر

sombrero

ٹوپی

corbata

ٹائی

cierre

زپ

casco

ہیلمٹ

tiradores

بریسز

uniforme escolar

سکول نی وردی

uniforme

وردی

babero

بب

chupete

ڈمی

pañal

ناپی

oficina

دفتر

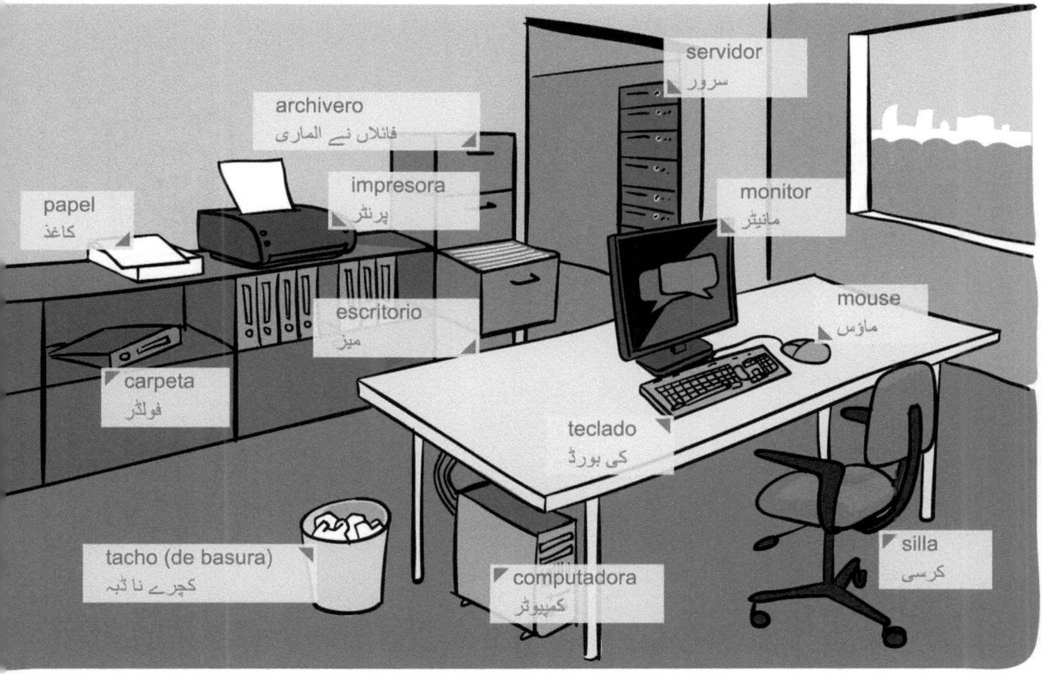

servidor
سرور
archivero
فائلاں نے الماری
papel
کاغذ
impresora
پرنٹر
monitor
مانیٹر
mouse
ماؤس
escritorio
میز
carpeta
فولڈر
teclado
کی بورڈ
tacho (de basura)
کچرے نا ڈبہ
computadora
کمپیوٹر
silla
کرسی

taza de café

کافی مگ

calculadora

کیلکولیٹر

internet

انٹرنیٹ

laptop

لیپ ٹاپ

carta

خط

mensaje

پیغام

celular

موبائل

red

نیٹ ورک

fotocopiadora

فوٹو کاپئیر

software

سافٹ وئیر

teléfono

ٹیلیفون

tomacorriente

پلگ ساکٹ

fax

فکس مشین

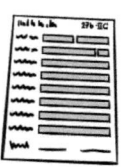

formulario

فارم

documento

دستاویزات

comprar

خریدنا

pagar

ادا کرنا

hacer negocios

تجارت

dinero

پیسہ

dólar

ڈالر

euro

یورو

yen

ین

rublo

ربل

franco suizo

سویس فرانک

yuan

رینمینبی یوان

rupia

روپیہ

cajero automático

کیش پوائنٹ

casa de cambio

ایکسچینج دفتر

oro

سونا

plata

چاندی

petróleo

تیل

energía

توانائی

precio

قیمت

contrato

معاہدہ

impuesto

ٹیکس

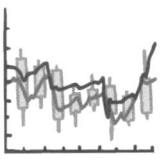

acción

سٹاک

trabajar

کم

empleado

ملازم

empleador

آجر

fábrica

فیکٹری

negocio

ہٹی

policía
پلس افسر
bombero
اگ بجھان آلا
cocinero
کک
médico
ڈاکٹر
piloto
پائلٹ

jardinero
مالی

carpintero
برھئی

modista
درزن

juez
جج

farmacéutico
کیمسٹ

actor
ایکٹر

colectivero

بس ڈرائیور

taxista

ٹیکسی ڈرائیور

pescador

مچھیرا

mucama

صفائی آلی جنانی

techista

روفر

mozo

ویٹر

cazador

شکاری

pintor

پینٹر

panadero

بیکری آلا

electricista

الیکٹریشن

albañil

تعمیرات آلا

ingeniero

انجینئیر

carnicero

قصائی

plomero

پلمبر

cartero

پوسٹ مین

soldado

سپاہی

arquitecto

آرکیٹیکٹ

cajero

کیشئیر

florista

پھلاں آلا

peluquero

نائی

cobrador

کنڈکٹر

mecánico

مکینک

capitán

کپتان

dentista

دندان ساز

científico

سائنس دان

rabino

ربائی

imán

امام

monje

راہب

sacerdote

انگریز

herramientas
ٹولز

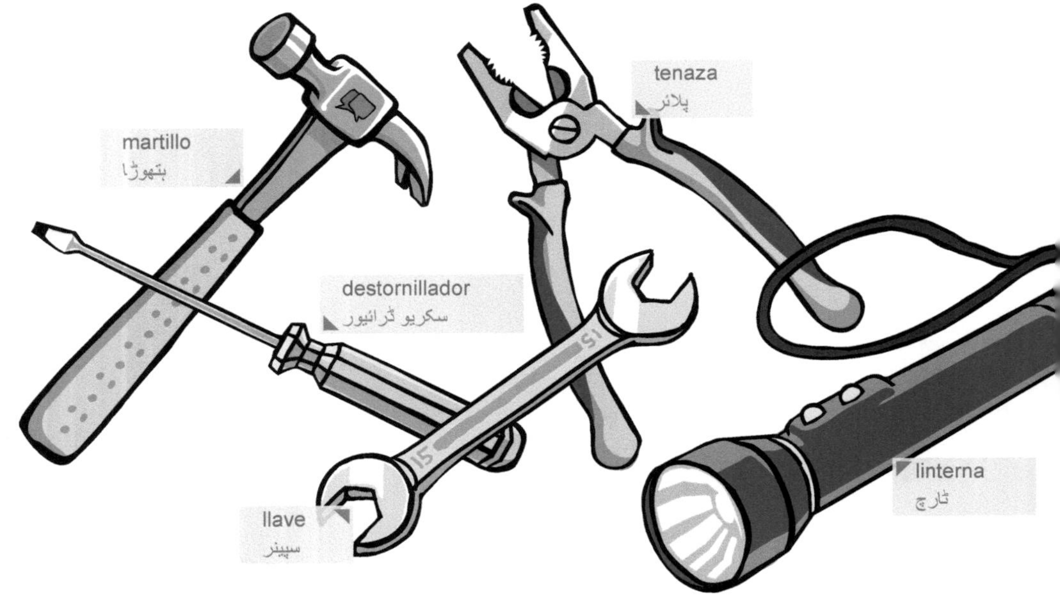

martillo
ہتھوڑا
tenaza
پلائر
destornillador
سکریو ڈرائیور
linterna
ٹارچ
llave
سپینر

excavadora

پھاوڑا

caja de herramientas

ٹول باکس

escalera portátil

سیڑھی

sierra

آری

clavos

کیل

taladro

ڈرل

arreglar

مرمت

pala de jardín

شاول

¡Qué bronca!

لعنت!

pala de plástico

ڈسٹ پین

tacho de pintura

پینٹ پاٹ

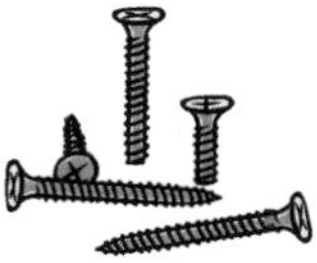

tornillos

سکریوز

instrumentos musicales

موسیقی نے آلات

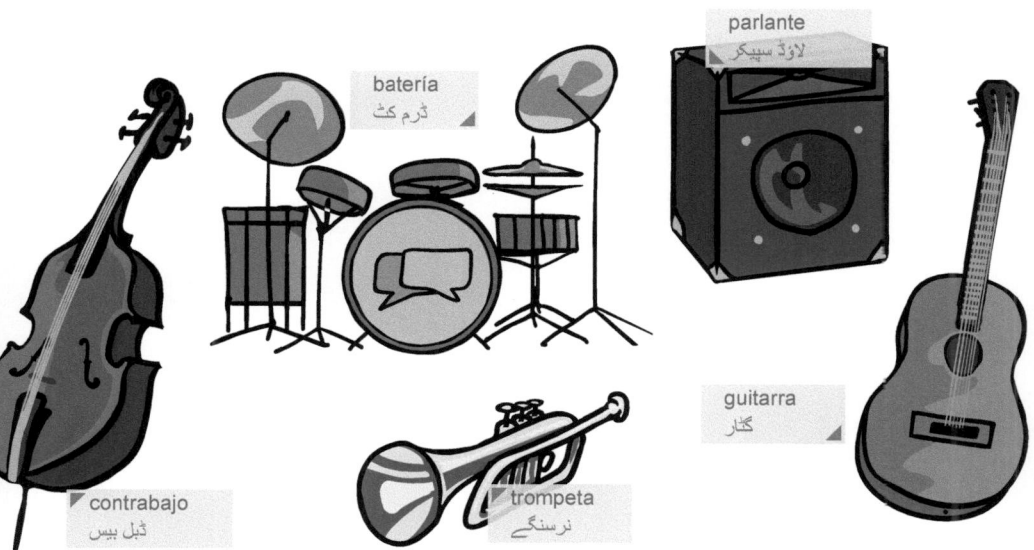

parlante

لاؤڈ سپیکر

batería

ڈرم کٹ

guitarra

گٹار

contrabajo

ڈبل بیس

trompeta

نرسنگے

piano

پیانو

violín

وائلن

bajo

بیس

timbales

ٹمپانی

tambor

ڈرمز

teclado

کی بورڈ

saxofón

سیگزو فون

flauta

بانسری

micrófono

مائکروفون

entrada
داخلہ
tigre
چیتا
jaula
پنجرہ
cebra
زیبرا
alimento para animales
جانوراں دا کھانا
oso panda
پانڈا

animales

جانور

elefante

ہاتھی

canguro

کینگرو

rinoceronte

گینڈا

gorila

گوریلا

oso

ریچھ

camello

اونٹ

avestruz

شترمرغ

león

شیر

mono

باندر

flamenco

فلیمنگو

loro

طوطا

oso polar

برفانی ریچھ

pingüino

پینگوئین

tiburón

شارک

pavo real

مور

serpiente

سپ

cocodrilo

مگرمچھ

cuidador del zoológico

چڑیا گھر دا رکھوالا

foca

سیل

jaguar

جیگوار

poni

پونی

leopardo

لیپرڈ

hipopótamo

ہپو

jirafa

زرافہ

águila

چیل

jabalí

نر سور

pescado

مچھی

tortuga

کیچھوا

morsa

والرس

zorro

لومبڑ

gacela

گیزل

deportes
کھیڈنا

fútbol americano
امریکن فٹابل
ciclismo
سائکلنگ
tenis
ٹینس
básquet
باسکٹ بال
natación
سوئمنگ
boxeo
باکسنگ
hockey sobre hielo
آئس ہاکی

fútbol

فٹبال

bádminton

بیڈ منٹن

atletismo

ایتھلیٹکس

handball

ہینڈ بال

esquí

سکیینگ

polo

پولو

saltar
چھال مار

reír
ہنسنا

abrazar
چھپی پانا

caminar
چلنا

cantar
گانا گانا

soñar
خواب

rezar
دعا

besar
بوسہ

escribir
لکھنا

dibujar
لیک لانا

mostrar
وکھانا

presionar
دھکا

dar
دینا

tomar
لینا

tener

ہے وے

hacer

کرنا

ser

ہو

estar parado

کھلونا

correr

دوڑنا

tirar

چیھکنا

tirar

سٹنا

caer

ٹھینا

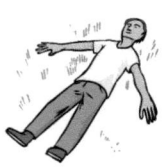

estar acostado

جھوٹ

esperar

انتظار

llevar

چکنا

estar sentado

بیھنا

vestirse

کپڑے پانا

dormir

سونا

despertar

جاگنا

mirar

ویکھنا

llorar

رونا/چلانا

acariciar

سٹروک

peinar

کنگھا

hablar

گل کرنا

entender

سمجھنا

preguntar

پوچھنا/دسنا

escuchar

سننا

beber

پینا

comer

کھانا

ordenar

تیار ہونا

amar

محبت

cocinar

پکانا

manejar

گڈی چلانا

volar

اڈنا

navegar

سمندری سفر

calcular

کیلکولیٹ

leer

پڑھنا

aprender

سیکھنا

trabajar

کم

casarse

شادی

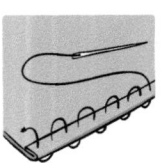

coser

سیونا

cepillarse los dientes

دند صاف

matar

قتل

fumar

دھواں

enviar

بھیجنا

abuela
دادی

abuelo
دادا

padre
پیو

madre
ماں

bebé
بچہ

hija
دھی

hijo
پتر

invitado

مہمان

tía

ماسی / پھو

tío

چاچا/ماما

hermano

بھرا

hermana

بہن

cuerpo

جسم

frente
متھا
ojo
اکھ
hombro
منڈھے
dedo
انگلی
cara
منہ
pera
ٹھوڑی
mano
ہتھ
pierna
لت
pecho
چھاتی
brazo
بانہ

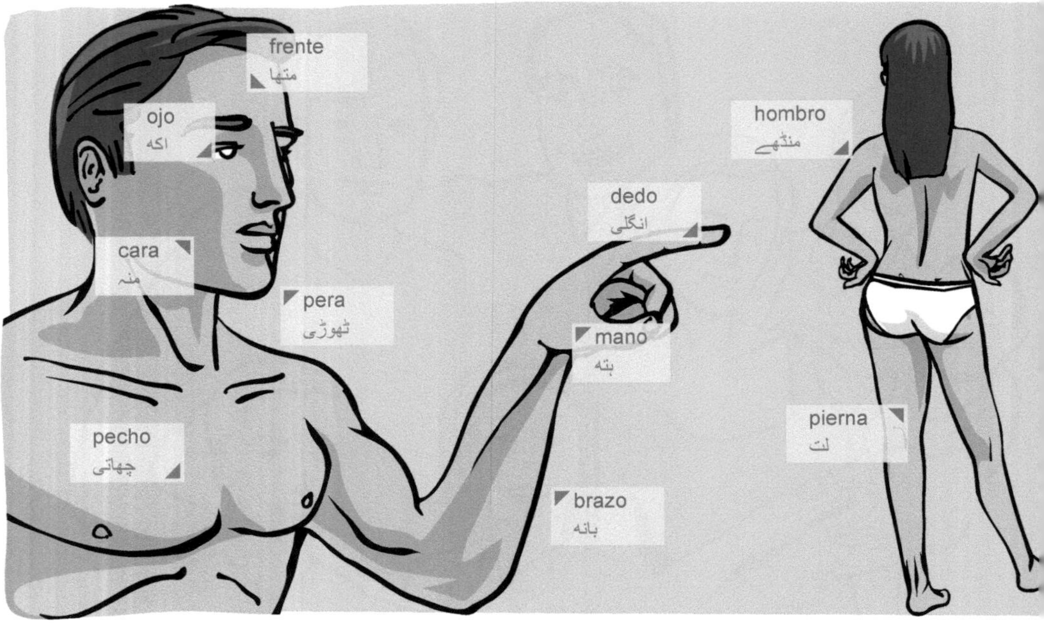

bebé

بچہ

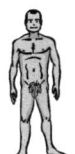

hombre

بندہ

mujer

جنانی

nena

کڑی

nene

مڑا

cabeza

سر

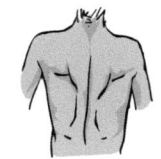

espalda

کمر

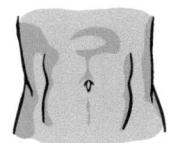

panza

ٹھڈ

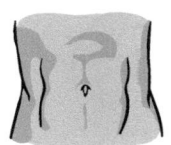

ombligo

تھنی

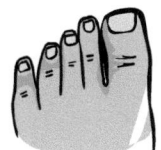

dedo del pie

پنجہ

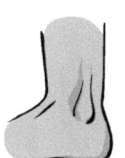

talón

اڈی

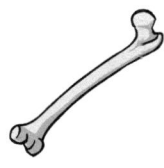

hueso

بڈہ

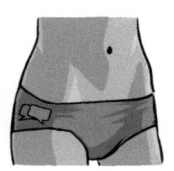

cadera

کولہے

rodilla

گوڈے

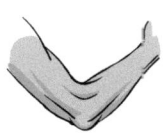

codo

کہنی

nariz

نک

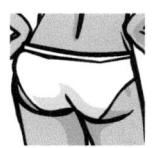

cola

زیر جامہ

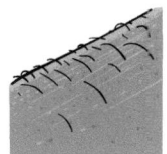

piel

کھل

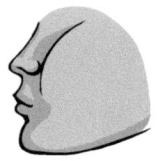

cachete

گلاں

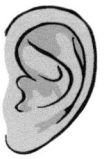

oreja

کن

labio

بل

boca

منہ

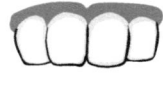

diente

دند

lengua

زبان

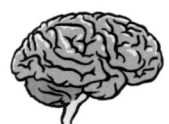

cerebro

دماغ

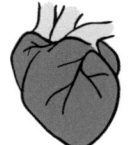

corazón

دل

músculo

پٹھے

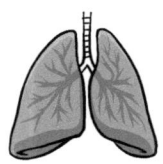

pulmón

پھیپڑے

hígado

جگر

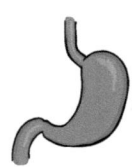

estómago

ٹھڈ

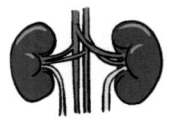

riñones

گردے

sexo

جنس

preservativo

کنڈم

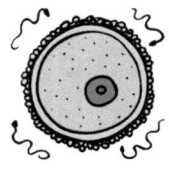

óvulo

انڈے

semen

منی

embarazo

حمل

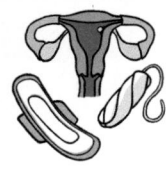

menstruación

حیض

vagina

اندام نہانی

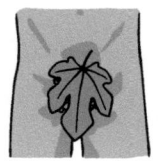

pene

عضو تناسل

ceja

بھوں

pelo

بال

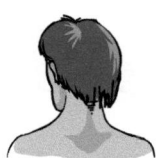

cuello

گردن

hospital
هسپتال

ambulancia
ایمبولنس
silla de ruedas
وھیل چئیر
fractura
فریکچر

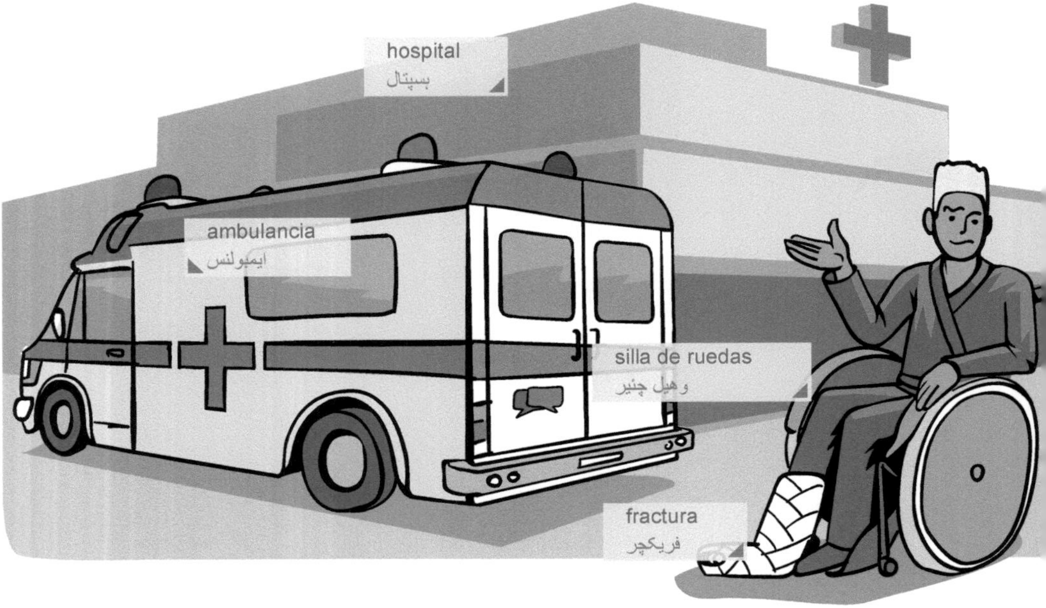

médico

ڈاکٹر

sala de guardia

ہنگامی کمرہ

enfermera

نرس

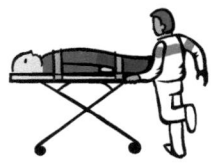

emergencia

ایمرجنسی

inconsciente

بے ہوش

dolor

درد

lesión

سٹ

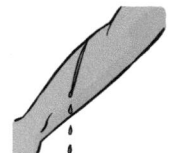

hemorragia

خون نکلنا

infarto

دل نا دورہ

ACV

فالج

alergia

الرجی

tos

کھنگ

fiebre

تپ

gripe

نزلہ

diarrea

اسہال

dolor de cabeza

سر درد

cáncer

کینسر

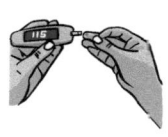

diabetes

شوگر(ذیابطس)

cirujano

سرجن

bisturí

سکیلپیل

operación

آپریشن

TC

سی ٹی

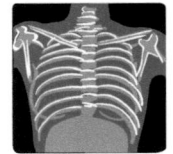

rayos x

ایکسرے

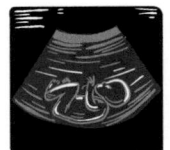

ecografía

الٹرا ساؤنڈ

barbijo

چہرہ نا ماسک

enfermedad

بماری

sala de espera

انتظار گاہ

muleta

بیساکھی

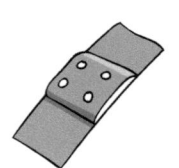

curita

پلستر

venda

پٹی

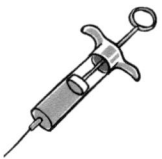

inyección

ٹیکہ

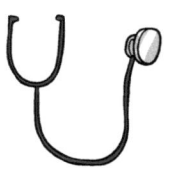

estetoscopio

سٹیتھوسکوپ

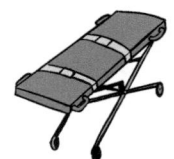

camilla

اسٹریچر

termómetro

کلینکل تھرمومیٹر

nacimiento

پیدائش

sobrepeso

زائدالوزن

audífono

سنن لئی آلہ

desinfectante

جراثیم کش

infección

متعدی مرض

virus

وائرس

VIH / SIDA

HIV/AIDS

remedio

دوائی

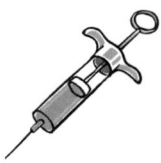

vacunación

ویکسینیشن

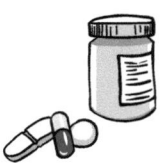

comprimidos

گولیاں

pastilla anticonceptiva

گولی

llamada de emergencia

ہنگامی کال

tensiómetro

بلڈ پریشر مانیٹر

enfermo / sano

بیمار / صحتمند

emergencia

ایمرجنسی

¡Ayuda!

مدد!

alarma

الارم

agresión

حملہ

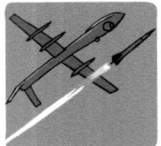

ataque

حملہ

peligro

خطرہ

salida de emergencia

ہنگامی اخراج

¡Fuego!

اگ!

matafuego

اگ بجاھن والا آلہ

accidente

حادثہ

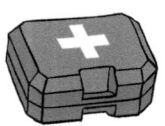

botiquín de primeros auxilios

فرسٹ ایڈ کٹ

SOS

SOS

policía

پلس

Europa

یورپ

América del Norte

شمالی امریکہ

América del Sur

جنوبی امریکہ

África

افریقہ

Asia

ایشیاء

Australia

آسٹریلیا

Atlántico

اٹلانٹک

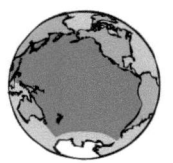

Pacífico

پیسیفک

Océano Índico

بحیرہ ہند

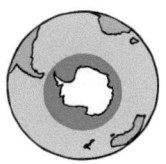

Océano Antártico

بھیرہ انٹارکٹک

Océano Ártico

بھیرہ آرکٹیک

polo norte

قطب شمالی

polo sur

قطب جنوبی

Antártida

انٹارکٹیکا

Tierra

زمین

tierra

خشکی

mar

سمندر

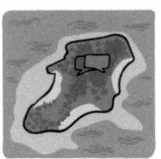

isla

جزیرہ

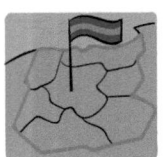

nación

قوم

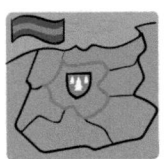

estado

ریاست

reloj

گھڑی

esfera

کلاک فیس

manecilla de las horas

نکی سوئی

minutero

وڈی سوئی

segundero

سیکنڈ ہینڈ

¿Qué hora es?

کی ٹائم ہویا اے؟

día

دن

hora

وقت

ahora

ہون

reloj digital

ڈیجیٹل گھڑی

minuto

منٹ

hora

گھنٹہ

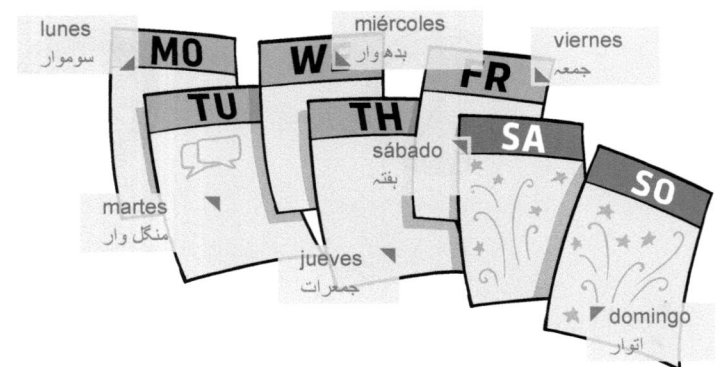

lunes
سوموار

miércoles
بدھوار

viernes
جمعہ

martes
منگل وار

sábado
ہفتہ

jueves
جمعرات

domingo
اتوار

ayer
کل

hoy
آج

mañana
کل

mañana
سویر

mediodía
دوپہر

tarde
شام

MO	TU	WE	TH	FR	SA	SU
1	2	3	4	5	6	7
8	9	10	11	12	13	14
15	16	17	18	19	20	21
22	23	24	25	26	27	28
29	30	31	1	2	3	4

días hábiles
کاروباری دن

MO	TU	WE	TH	FR	SA	SU
1	2	3	4	5	6	7
8	9	10	11	12	13	14
15	16	17	18	19	20	21
22	23	24	25	26	27	28
29	30	31	1	2	3	4

fin de semana
ویک اینڈ

año
سال

lluvia
بارش
arco iris
رین بو
nieve
برف
viento
ہوا
primavera
بہار
otoño
خزاں
verano
گرمی
invierno
سردی

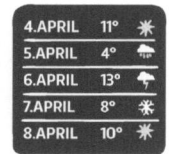

4.APRIL 11°
5.APRIL 4°
6.APRIL 13°
7.APRIL 8°
8.APRIL 10°

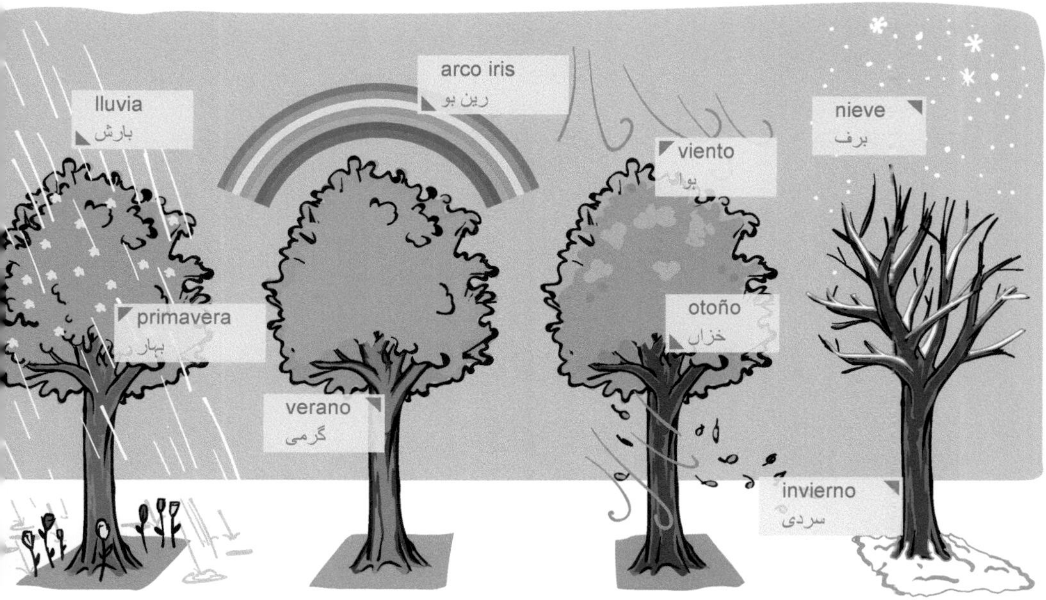

ronóstico meteorológico

موسمی پیشگوئی

F C
120 90 60 30 0 -30
40 30 20 10 0 -10 -20

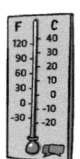

termómetro

تھرمامیٹر

luz del sol

سورج نے چمک

nube

بدل

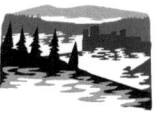

niebla

دھند

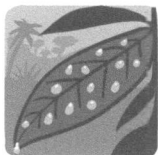

humedad

نمی

rayo

بجلی کڑکنا

trueno

گرج

tormenta

نھیری

granizo

اولے

monzón

ساون

inundación

سیلاب

hielo

برف

enero

جنوری

febrero

فروری

marzo

مارچ

abril

اپریل

mayo

مئی

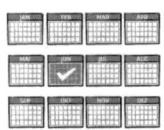

junio

جون

julio

جولائی

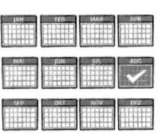

agosto

اگست

año - سال

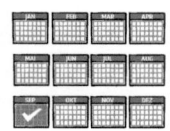

septiembre

ستمبر

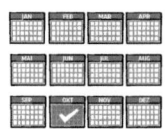

octubre

اکتوبر

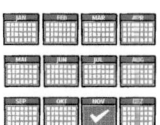

noviembre

نومبر

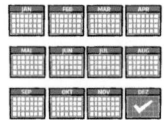

diciembre

دسمبر

formas

شکلاں

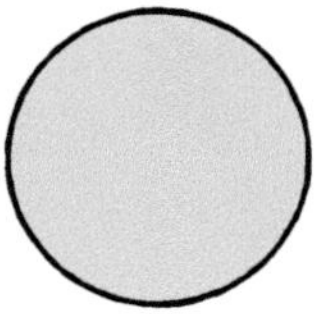

círculo

گول

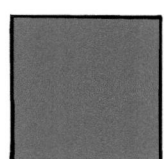

cuadrado

چوکور

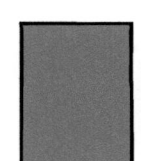

rectángulo

مستطیل

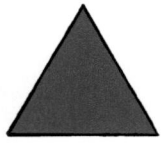

triángulo

مثلث

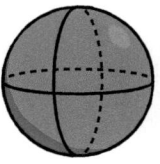

esfera

دائرہ نما

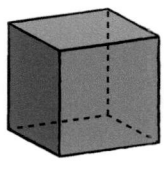

cubo

مکعب

colores

رنگ

blanco

چٹا

amarillo

پیلا

naranja

نارنجی

rosa

گلابی

rojo

رتا

violeta

جامنی

azul

نیلا

verde

ہرا

marrón

کتھئی

gris

سرمئی

negro

کالا

opuestos
مخالف

mucho / poco

زیادہ / گھٹ

enojado / tranquilo

ناراض / پرسکون

lindo / feo

خوبصورت / بدصورت

principio / fin

ابتداء / اختتام

grande / chico

وڈا / نکا

claro / oscuro

روشن / نھیرا

hermano / hermana

بھرا / بہن

limpio / sucio

صاف / گندا

completo / incompleto

مکمل / نا مکمل

día / noche

دن / رات

muerto / vivo

مردہ / اندہ

ancho / angosto

چوڑا / تنگ

comestible / no comestible

خوردنی / ناقابل خوردنی

malo / amable

پھیڑا / چنگا

entusiasmado / aburrido

خوش / ناخوش

gordo / flaco

موٹا / پتلا

primero / último

پہلا / آخری

amigo / enemigo

دوست / دشمن

lleno / vacío

بھریا / خالی

duro / blando

سخت / نرم

pesado / liviano

بھاری / ہلکا

hambre / sed

بھوک / پیاس

enfermo / sano

بیمار / صحتمند

ilegal / legal

قانونی / غیر قانونی

inteligente / estúpido

ذہین / بیوقوف

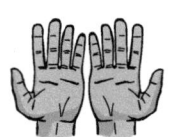

izquierda / derecha

کھبا / سجا

cerca / lejos

کولے / دور

nuevo / usado

نواں / پرانا

nada / algo

کجھ نئیں / سب کجھ

viejo / joven

بڈھا / جوان

encendido / apagado

کھولنا / بند کرنا

abierto / cerrado

کھولنا / بند کرنا

silencioso / ruidoso

خاموشی / شور

rico / pobre

امیر / غریب

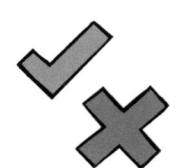

correcto / incorrecto

درست / غلط

áspero / suave

کھردرا / ہموار

triste / contento

افسردہ / خوش

corto / largo

نکا / لما

lento / rápido

آہستہ / تیز

mojado / seco

گیلا / خشک

caliente / frío

گرم / ٹھنڈا

guerra / paz

جنگ / امن

números
اعداد

0

cero

صفر

1

uno

اک

2

dos

دو

3

tres

تن

4

cuatro

چار

5

cinco

پنج

6

seis

چه

7

siete

ست

8

ocho

اٹه

9

nueve

نو

10

diez

دس

11

once

یاراں

12
doce

باراں

13
trece

تیراں

14
catorce

چودا

15
quince

پندرہ

16
dieciséis

سولہ

17
diecisiete

ستاراں

18
dieciocho

اٹھاراں

19
diecinueve

انیہ

20
veinte

وی

100
cien

سو

1.000
mil

ہزار

1.000.000
millón

ملین

idiomas

بولی

inglés

انگریزی

inglés americano

امریکی انگریزی

chino mandarín

چینی مینڈیرین

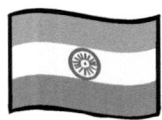

hindi

ہندی

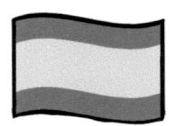

español

سپینش

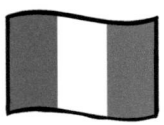

francés

فرینچ

árabe

عربی

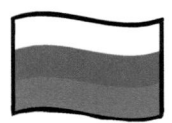

ruso

رشئین

portugués

پرتگالی

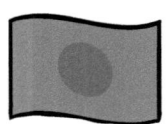

bengalí

بنگالی

alemán

جرمن

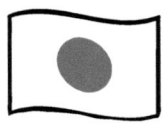

japonés

جاپانی

quién / qué / cómo

کون/ کی / کیویں

yo

میں

vos

توں

él / ella

وہ/وہ/ایہہ

nosotros

اسیں

ustedes

توں

ellos

او

¿quién?

کون؟

¿qué?

کی؟

¿cómo?

کیویں؟

¿dónde?

کتھے؟

¿cuándo?

کدوں؟

nombre

ناں

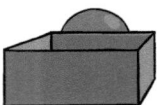

dónde

کتھے

detrás

پچھے

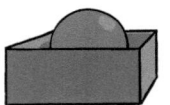

en

وچ

adelante de

سامنے نے

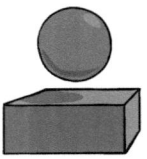

por encima de

تے

sobre

تے

debajo de

ہیٹھ

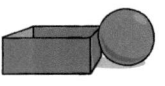

al lado de

سوا

entre

مابین

lugar

جگہ